AF482851

VESTIGES

DE LA

VOIE ROMAINE

ET

DES MONUMENTS ÉLEVÉS SUR SES BORDS

A TRAVERS LE PAYS DES CEUTRONS

PAR

E.-L. BORREL,

ARCHITECTE
OFFICIER D'ACADÉMIE
CORRESPONDANT DU MINISTÈRE DE L'INSTRUCTION PUBLIQUE
VICE-PRÉSIDENT DE L'ACADÉMIE LA VAL D'ISÈRE
MEMBRE CORRESPONDANT DE L'ACADÉMIE DE SAVOIE

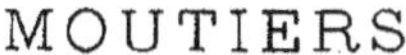

MOUTIERS

IMPRIMERIE CANE SŒURS, SUCC. DE MARC CANE

1887

VESTIGES DE LA VOIE ROMAINE

ET DES

MONUMENTS ÉLEVÉS SUR SES BORDS

A TRAVERS LE PAYS DES CEUTRONS

VESTIGES

DE LA

VOIE ROMAINE

ET

DES MONUMENTS ÉLEVÉS SUR SES BORDS

A TRAVERS LE PAYS DES CEUTRONS

PAR

E.-L. BORREL,

ARCHITECTE

OFFICIER D'ACADÉMIE

CORRESPONDANT DU MINISTÈRE DE L'INSTRUCTION PUBLIQUE

VICE-PRÉSIDENT DE L'ACADÉMIE LA VAL D'ISÈRE

MEMBRE CORRESPONDANT DE L'ACADÉMIE DE SAVOIE

MOUTIERS

~~~

IMPRIMERIE CANE SŒURS, SUCC. DE MARC CANE

~~~

1887

VESTIGES DE LA VOIE ROMAINE

ET

DES MONUMENTS ÉLEVÉS SUR SES BORDS

A TRAVERS LE PAYS DES CEUTRONS

(Communication faite à la réunion des Sociétés savantes
à la Sorbonne, le 31 mai 1887).

La voie romaine qui reliait Milan à Vienne, en Dauphiné, traversait la Savoie de l'ouest à l'est, passant par le pays des Ceutrons et par celui des Allobroges.

Ses stations, depuis le sommet des Alpes Graies qui est un peu au nord de la ligne de démarcation entre la France et l'Italie étaient : *In Alpe Graia* (Petit-Saint-Bernard), *Bergintrum* (Bourg-Saint-Maurice), *Axima* (Aime), *Darentasia* (Moûtiers), *Obilonna* (Arbine), *Ad Publicanos* (Gilly), *Mantana* (Bourg Evescal), *Lemincum* (Chambéry), *Laviscone* (Saint-Paul-d'Yenne), *Augustum* (Saint-Genix-d'Aoste), *Bergusium* (Bourgoin) et *Vigenna* (Vienne).

Je ne m'occuperai, maintenant, que de la partie de la voie qui traversait la Tarentaise, pays des anciens Ceutrons, soit depuis *In Alpe Graia* jusqu'à *Obilonna*. La distance entre ces deux stations est, d'après la Carte de Peutinger, de XLIV milles (65 kilom. 97 mèt.) (1) et de XLIII seulement selon l'Itinéraire d'Antonin. C'est entre *In Alpe Graia* et *Bergintrum* que Peutinger et Antonin ont cette différence.

L'existence de cette voie consulaire à chariots, qui mettait en communication l'Italie avec la Gaule par le Petit-Saint-Bernard, et par laquelle ont souvent passé des armées, est constatée par l'histoire, par la ruine d'une Mansion, par des *Lapides*, par une inscription, par des tombeaux et par les nombreux vestiges qui en restent.

HISTOIRE

Cette voie a dù être construite sous Auguste, au plus tard, puisque Strabon, né 50 ans avant J.-C., en parle dans sa Géographie.

« Le territoire des Salasses, dit-il, se compose en
« majeure partie d'une vallée profonde enfermée entre
« deux montagnes ; mais il y a aussi telles de leurs
« possessions qui atteignent en s'élevant la crête même
« des Alpes. On peut donc, quand on vient d'Italie et
« qu'on veut franchir les Alpes, prendre la route qui
« suit la dite vallée. Une fois au bout de la vallée, on voit
« la route qui se bifurque ; l'une des branches se dirige

(1) J'admets 0,2959 pour le pied romain et, par conséquent, 1479,50 pour le mille.

« vers le mont Pœninus, mais devient impraticable aux
« chariots vers le point culminant du passage, quant à
« l'autre branche, qui est la plus occidentale des deux,
« elle traverse le pays des Centrons (1)......

    « Des différents pays de montagne qui font commu-
« niquer l'Italie avec la Gaule transalpine et septentrionale,
« écrit-il plus loin, c'est celui des Salasses qui mène à
« Lugdunum. Ce chemin, avons-nous dit, a deux branches,
« l'une qui peut être parcourue en chariot, mais qui est
« de beaucoup la plus longue (c'est celle qui traverse le
« territoire des Centrons), l'autre qui franchit le mont
« Pœninus et racourcit ainsi la distance, mais qui n'offre
« partout qu'un sentier étroit et à pic (2). »

    Des parties bien conservées de ces deux routes, creusées
à la pointe dans le roc, justifient cette citation de Strabon
sur la différence de leur destination, à partir de Pré-
Saint-Didier *(Arebrigium)*, point de leur bifurcation.

    Entre Saint-Rémy *(Eudracinum)* et l'hospice du
Grand-Saint-Bernard (*In summo Pennino)*, vers le sommet
de la montée, qui est rude et pénible, tout près du lac,
la voie romaine, creusée dans la roche vive sur une
longueur de 60 mètres n'a que 3 mèt. 66 de largeur.

    Strabon ne paraît pas avoir parcouru cette route qu'il
qualifie de sentier étroit.

    La partie de la route traversant le pays des Ceutrons,
taillée aussi dans le roc, située à 2 kilomètres 1/2 de
Moûtiers (*Darentasia*), en se dirigeant vers Arbine

(1) Livre **IV**, chapitre VI, §. 7.
(2) Livre **IV**, chapitre VI, §. 11.

(*Obilonna*) a une largeur de 5 mètres 30, bien suffisante pour la circulation des voitures.

Cette route, plus large que celle qui franchissait les Alpes Pennines pour arriver chez les Helvètes, puis à Lyon, moins rapide, traversant un col moins élevé de 285 mètres au-dessus du niveau de la mer, établie dans une vallée plus ouverte, présentant moins d'accidents de terrain, était beaucoup plus fréquentée que cette dernière, quoiqu'elle fût plus longue.

MANSIONS

Avant de décrire les ruines de la mansion importante du Petit-Saint-Bernard, que j'ai fouillée et dont j'ai dressé le plan ci annexé, il me semble bon de rappeler brièvement ce qu'étaient ces édifices, d'après Bergier (1) et G. Humbert (2), afin qu'il ne reste pas de doute sur la destination de la construction romaine du sommet des Alpes Graies.

C'est à Auguste, d'après Suétone, que l'on doit l'établissement des postes, *cursus publicus*. Il fit élever des constructions spéciales pour ce service public destiné en principe au transport des personnes et des objets appartenant à l'Etat. Au contraire, le transport des particuliers, de leurs messages et de leurs marchandises

---

(1) *Histoire des grands chemins de l'empire romain.*

(2) *Dictionnaire des Antiquités grecques et romaines*, article *cursus publicus*, page 1645 et suivantes.

était, en général, abandonné à l'initiative privée. Auguste, cependant, n'est pas l'inventeur du *cursus publicus*, car on en trouve quelques traces chez les anciens Egyptiens, et dans l'empire des Perses, on voit le système organisé au profit du monarque, sous Darius, fils d'Hystaspe.

Les *Civitates* possédaient des bureaux centraux où l'on réunissait les dépêches et d'où on les expédiait à leur destination.

Des mansions et des mutations étaient établies le long des grands chemins.

Les mansions étaient des bâtiments où on relevait les postillons, les voitures et les bêtes de trait, pour en prendre d'autres le lendemain, et où passaient la nuit les voyageurs et les ouvriers portant une missive d'une cité à l'autre, parce qu'on n'avait pas l'habitude de voyager la nuit. On y entretenait des chevaux de réserve pour la poste et pour les personnes qui voyageaient avec une autorisation spéciale de l'empereur, des mulets, des ânes et des bœufs pour le transport des deniers publics, des vivres, des armes, des marchandises et de toutes les provisions nécessaires. Elles servaient aussi d'hôtelleries pour les voyageurs et de haltes pour les soldats des légions romaines, où, au besoin, ils s'approvisionnaient de vivres. Il est bien certain que les soldats campaient autour de la mansion lorsqu'ils étaient trop nombreux et que seuls les chefs supérieurs y logeaient. Chaque mansion contenait nécessairement des écuries pour les chevaux et pour les autres animaux domestiques ; des granges ou fenils pour le foin et la paille ; des magasins pour l'avoine, le blé, la farine, la viande salée que l'on donnait aux soldats en campagne et autres aliments nécessaires à la vie. Les mansions étaient, autant que possible, distantes les unes des autres d'une journée de marche. La rapidité des transports était assez grande. Un messager, monté sur un cabriolet, *cisiis*, parcourut, suivant Cicéron *(Pro Roscio Am.* VII, 19.) 88 milles dans une nuit, pour apporter de Rome à Amérie la nouvelle de l'assassinat de S. Roscius, environ 130 kilomètres.

Suivant Suétone *(Octav.* 49) Auguste établit sur toutes les routes militaires, et à de très courtes distances, de jeunes courriers et ensuite des voitures, pour être informé plus tôt de ce qui se passait dans les provinces.

Les employés d'une mansion comprenaient un directeur, ayant sous ses ordres un vétérinaire, des charrons, des muletiers, des palfreniers, des postillons, des agents chargés de préparer les vivres, le fourrage, les lits, le logement. Ces agents recevaient un traitement en nature et des vêtements, afin qu'ils n'exigeassent rien des voyageurs.

Les écuyers, postillons, muletiers ou charretiers étaient des esclaves choisis par le directeur à ses risques et périls. Les postillons des mansions devaient, en règle générale, ramener leurs attelages au relais de départ.

Les mutations, bâtiments bien inférieurs aux mansions, étaient généralement établies dans des villages ou près de villas importantes, entre deux mansions, où les ouvriers changeaient de chevaux sans s'arrêter. On y tenait aussi des chariots de rechange. Ces mutations ne se composaient ordinairement que d'une écurie, d'un fenil et des logements des palfreniers.

Les frais du *Cursus publicus* furent presque toujours à la charge des *Civitates* ou municipes. Les mansions et les mutations étaient construites à leurs frais ; elles fournissaient aussi les attelages, les voitures et le fourrage.

MANSION DU PETIT-SAINT-BERNARD

Sur le point culminant du Petit-Saint-Bernard *(In Alpe Graia)*, à 2186 mètres d'altitude, existent, à droite et à gauche de l'ancienne voie romaine, les ruines d'importantes constructions élevées au commencement de l'ère gallo-romaine. Ces débris du passé, que j'ai remués, sont ceux d'une habitation de grandes dimensions, dont les fondations de presque tous les murs, existant encore sur une hauteur de plus d'un mètre, m'ont permis d'en lever le plan.

L'édifice qui était élevé à gauche de la route actuelle lorsque l'on va en Italie, et devant lequel passait la voie romaine, était le plus important des deux. Il mesurait, hors d'œuvre, 66 mètres 60 de longueur et 19,30 de largeur. Sa longueur était dirigée du sud au nord, comme la ligne de dépression du terrain formant le col, afin qu'il donnât moins de prise au vent, très fort au Petit-Saint-Bernard, surtout aux époques équinoxiales.

Les fondations des quatre murs de cage et de presque tous ceux de refend sont en très bon état ; elles ont conservé toute la régularité qu'elles avaient au moment de leur construction.

Les murs de cage et le grand de refend longitudinal

de la partie nord ont 0,80 d'épaisseur et les autres 0,50. Deux empâtements superposés ont été ménagés dans les murs en fondation pour donner à la construction toute la force de résistance nécessaire contre l'action destructive du climat, la violence des vents et le poids des neiges.

Les murs étaient construits selon le petit appareil rectangulaire des Romains, avec de petits moellons simplement dressés au marteau sur leurs lits et leurs joints, posés par assises sur une épaisse couche d'excellen mortier et à joints verticaux très larges.

La quantité considérable de morceaux de grandes et grosses briques existant dans les décombres m'autorise à penser qu'il y avait, dans les murs en élévation, des cordons de briques alternant avec les assises de moellons. On voit aussi, parmi les débris, beaucoup de fragments de grandes tuiles plates à rebords et de carreaux en terre cuite, indiquant que la couverture des toits était en tuile et que les pièces étaient carrelées.

La construction assise en face de la ci-devant, à droite de la route, par conséquent, en se dirigeant vers l'Italie, n'a, hors d'œuvre, que 14,00 de longueur sur 12,00 de largeur.

L'appareil et le mortier, la forme, les dimensions et la qualité des briques, des tuiles et des carreaux indiquent indubitablement une construction romaine de la bonne époque.

L'édifice principal était composé de pièces groupées autour de deux cours. Dix-sept pièces étaient disposées sur les quatre côtés de la cour nord, mesurant 23,60 sur 8,60, dont huit de 4,50, sur 4,05 et neuf de 4,05 sur

3,52, destinées, probablement, aux Césars (1), aux chefs de légions, aux courriers d'Etat et aux personnes voyageant avec une autorisation spéciale de l'empereur. Autour de la cour sud, qui a 16,80 sur 11,30, sont rangées six pièces de 5,60 sur 3,68 et deux autres de 8,20 sur 6,40, qui pouvaient servir, les six premières, de magasins, et les deux autres de cuisine, d'office et de salle à manger.

La forte épaisseur des murs de cage et les retraites opérées dans leurs fondations pour leur donner une grande solidité, me font penser que cet édifice pouvait avoir un premier étage composé d'autant de pièces que le rez-de-chaussée.

La construction qui était située en face de la précédente et qui avait, comme je l'ai dit plus haut, 14,00 sur 12,00, ne formait qu'une seule pièce qui a dû être une écurie surmontée d'un fenil.

La situation de ces constructions, leurs grandes dimensions et leurs dispositions me les font considérer comme une mansion, élevée, fort probablement, sous le règne d'Auguste.

VOIE

Les nombreuses et belles voies qui sillonnaient le territoire de la Gaule ont certainement facilité son invasion

____

(1) On tenait dans les mansions, d'après Bergier, des meubles et des vêtements pour l'usage des empereurs en voyage lorsqu'ils s'y arrêtaient.

par les Barbares. Mais comme ces farouches Germains s'occupèrent à détruire au lieu de créer, il est certain que, pendant leur trop long séjour dans notre pays, les routes se sont dégradées, que les parties emportées par les inondations n'ont pas été reconstruites et que des stations, relais ou mansions sont tombées en ruine et ont disparu avec les chevaux de poste.

Après le départ des Barbares, durant tout le moyen âge et même après, l'usage des voitures s'étant presque perdu, surtout dans les pays montagneux, il n'était plus nécessaire que les chemins fussent aussi large que pendant l'occupation romaine. Aussi négligea-t-on d'en relever les murs et les talus qui s'éboulèrent, ce qui en diminua beaucoup la largeur et les réduisit, dans de nombreux endroits, à l'état de chemins vicinaux, utilisés seulement pour la desserte des terres et pour la communication entre les rares localités qui se trouvaient sur leur parcours.

J'ai constaté, dans plusieurs endroits, que les paysans avaient agrandi leurs champs en rétrécissant la route et qu'ils les avaient clos avec les pierres qui formaient le *pavimentum*.

Ces chemins ayant cependant toujours été utilisés jusqu'aux temps modernes, époque à laquelle on en créa de nouveaux pour d'autres motifs et d'autres besoins que ceux qui avaient stimulés les Romains, une grande partie du tracé de leur assiette et même de nombreuses parties de leurs chaussées nous ont heureusement été conservées.

Ce n'est, cependant, que sous les terres éboulées pendant les premiers temps qui suivirent la chute de l'empire romain, que l'on trouve les chaussées à peu près telles qu'elles ont été construites.

Il ne faut pas s'attendre à découvrir, partout où l'on trouve des vestiges d'une voie romaine, des chaussées construites selon les prescriptions de Vitruve, comme on en a découvert dans certaines contrées, surtout aux abords des villes de l'époque gallo-romaine. Les Romains établissaient des chaussées, dans les campagnes surtout, avec les matériaux qu'ils avaient sous la main ; c'est pour cela qu'ils employaient, pour former la *summa crusta*, tantôt de larges pierres plates et tantôt de simples pavés bruts, de forme ovoïde. Dans les localités où la pierre manquait, ils se contentaient de répandre sur la surface de l'encaissement de la voie, le *gremium*, les pierrailles provenant des fouilles, qu'ils comprimaient fortement et qui remplaçaient le pavé.

Je vais, maintenant, indiquer et décrire, d'une station à l'autre, en partant de la mansion du Petit-Saint-Bernard, les monuments, les colonnes, les inscriptions et les tombeaux qui ont été élevés sur les côtés de la voie romaine, que j'ai parcourue plusieurs fois. Je parlerai après des vestiges de la chaussée. Il me sera ensuite facile de déterminer le tracé de cette route antique.

§ Ier

DE *IN CALPE GRAIA A BERGINTRUM*

RUINES D'UN ÉDIFICE ROMAIN

A 426 mètres de la mansion, on rencontre un amas de petites pierres et de débris de briques et de tuiles plates à rebords, à l'est duquel passait la voie romaine et que la nouvelle route traverse.

Pour m'assurer si un édifice avait existé sur ce point, j'ai fait ouvrir une tranchée dans le sens de la longueur des décombres, qui a mis à découvert des fondations en maçonnerie, très larges, construites selon le même appareil que celui de la mansion. Cette construction avait 6,00 de largeur et très approximativement 12,00 de longueur. Son axe était perpendiculaire à la voie romaine.

La tradition, dans la haute Tarentaise et dans le sommet du Val d'Aoste, est que les Romains avaient élevé un temple à Jupiter sur cet emplacement. Jupiter est le seul dieu des Romains dont les paysans de ces deux régions connaissent le nom et auquel ils attribuent, conséquemment, les faits et gestes de toutes les autres divinités de ce peuple. Ces paysans sont les descendants de ces courageux montagnards que Strabon traite de brigands, parce qu'ils défendirent leur pays contre les légions romaines qui voulaient le soumettre et le traverser pour envahir ensuite la Gaule.

Je pense que ce petit temple était plutôt dédié à Mercure, dieu tutélaire des grands chemins, où les voyageurs s'arrêtaient pour prier et déposer des offrandes, afin d'obtenir un heureux passage à travers ces montagnes gigantesques et imposantes.

COLUMNA JOVIS

A 22 mètres de distance de ces ruines est dressée une colonne monolithe de 4,50 de hauteur sur 0,66 de diamètre à la base et 0,59 au sommet, appelée Colonne Joux. Ce monument symbolique a probablement été élevé par les Romains, à leur dieu suprême, en commémoration du succès de leurs luttes pour le passage des Alpes Graies et de leur conquête des Gaules.

LAPIDES

Un peu avant d'arriver à la maison de refuge de Sainte-Barbe, on voit, à gauche du chemin actuel, situé un peu en aval de la voie romaine, une petite colonne en tuf, renversée et brisée en deux morceaux, d'une longueur de 2,00 sur 0,45 de diamètre.

En 1880, j'ai constaté l'existence sur le bord aval du chemin actuel, construit en cet endroit sur l'assiette de la voie romaine, au lieu dit la Colonne, nom significatif que dix-neuf siècles n'ont pu faire oublier, une autre colonne à peu près semblable à celle de Sainte-Barbe. Sa base, ménagée dans le bloc et complétement enterrée, est brute et quadrangulaire. Le morceau qui sort de terre est cylindrique ; il a 0,40 de hauteur et 0,55 de diamètre et présente à son sommet une section de rupture violente. Après bien des recherches, j'ai trouvé la partie supérieure de cette colonne sur la rive droite du ruisseau dit le Boteillon, affluent du torrent le Reclus, où elle a roulé au moment de son renversement. Ce tronçon a une longueur de 1,60 et un diamètre de 0,54 à la base et de 0,50 au sommet. Cette petite colonne mesurait donc, lorsqu'elle était entière, 2,00 de hauteur, 0,55 de diamètre à la base et 0,50 au sommet.

Les parements de ces colonnes sont très rugueux. Le tuf calcaire dont elles sont formées l'est, du reste, de sa nature. Le temps a encore accentué ces aspérités et a donné à ces colonnes une surface complétement vermiculée. Je ne pense pas qu'une inscription ou des chiffres aient été gravés sur ces colonnes, dont la nature de la pierre n'aurait pas permis l'exécution de caractères graphiques.

La première de ces colonnes est à 1400 mètres de l'hospice du Petit-St-Bernard. La distance de l'une à l'autre est de 2050 mètres. Sont-ce des bornes milliaires que les Romains plaçaient de mille en mille pas ? Leur situation sur des collines que l'on aperçoit de loin me porte à croire qu'elles avaient été élevées à ces deux endroits pour indiquer la route, difficile à suivre entre ces deux points, quand il fait brouillard et surtout lorsqu'elle est couverte de neige. Plus tard, ces colonnes furent remplacées par des perches, que l'on maintient encore aujourd'hui, pour guider les voyageurs.

Toutes les bornes milliaires, du reste, ne portaient pas d'inscription, Caylus en a cité trois en place au siècle dernier sur la voie de *Genabum* (Orléans) à *Autricum* (Chartres) (1).

VESTIGES DE LA VOIE

L'ancien chemin que l'on suit encore aujourd'hui, depuis la limite séparant la France de l'Italie jusqu'un peu plus bas que le tronçon de colonne situé entre le 36eme et le 37eme kilomètre, est la voie romaine que le temps a dégradée. Son assiette n'a été changée, sur cette longueur, qu'au lieu dit le Pelonnet, où le chemin actuel est un peu plus bas. Au point 36 kilomètres 680 mètres, la route romaine passait au-dessus du chemin actuel et faisait, pour obtenir une pente raisonnable, quatre lacets entre les kilomètres 35 et 37. De là, où elle rejoint le chemin actuel, elle allait directement à travers les pâturages et la forêt jusqu'à la Combe située au nord-est du hameau du Mont, où elle faisait un lacet, pour passer, en revenant sur elle-même, entre le village des Chavonnes et celui de Saint-Germain, qu'elle dépassait, puis elle décrivait cinq lacets pour arriver au ruisseau le Reclus, descendant du Petit-Saint-

(1) De Caumont. *Ere gallo-romaine.*

Bernard, et dont elle suivait ensuite la rive droite jusqu'au ruisseau de Versoye.

Depuis la colonne jusqu'au milieu de la forêt, la voie romaine, quoique abandonnée depuis longtemps, parce que les piétons et les muletiers la trouvaient trop longue à cause de ses lacets, est bien visible et peut être facilement parcourue. Sa largeur est encore de 5,00 dans plusieurs endroits. Sa pente varie entre 0,06 et 0,09 p. 0/0. Cette route a été savamment tracée, suivant les courbes de niveau. Depuis le milieu de la forêt jusqu'au pont dit de Saint-Germain, la voie romaine a presque complétement disparu, à la suite d'éboulements et surtout par le défrichement du sol. De ce pont à *Bergintrum*, Bourg-Saint-Maurice, elle a été totalement emportée par les torrents.

Dans les endroits où la voie est presque horizontale, les tranchées que j'y ai opérées m'ont montré la chaussée formée d'une couche de gravier, la *summa crusta*, reposant sur un lit de pierres, le *stratumen*. Partout ailleurs, les cunettes et les aqueducs s'étant comblés, faute d'entretien, les eaux coulèrent sur la chaussée, emportèrent le gravier et ne laissèrent sur place qu'une partie des pierres composant le *stratumen*, que l'on voit encore aujourd'hui sur bien des points. Dans plusieurs endroits, les eaux creusèrent la voie sur une partie de sa largeur et en firent un fossé sur les bords duquel on trouve encore, en fouillant, les pierres et le gravier qui constituaient la partie solide de la chaussée.

§ II.

DE *BERGINTRUM* A *AXIMA*

Bourg-Saint-Maurice (*Bergintrum*) situé au pied du Petit-Saint-Bernard, a du avoir une certaine importance sous les Romains. Il possédait un temple et des bains. Les routes traversant les Alpes Graies, Pennines et Cottiennes y aboutissaient. Une inscription trouvée dans cette ville constate l'existence d'une voie romaine à travers le pays des Ceutrons : en voici la traduction :

Imperator Caesar Lucius Aurelius Verus Augustus, tribunitia potestate III, consul II, vias per fines Ceutronum vi torrentium eversas, exclusis fluminibus et in naturalem alveum reductis, molibus plurimis locis oppositis; item pontes (?) templa et balineas pecunia sua restituit.

Lucius Verus avait été consul pour la seconde fois en 161. C'est à l'année 163 que correspond sa troisième année tribunitienne. Les travaux mentionnés dans cette inscription ont donc eu lieu en 163.

La route réparée par Lucius Verus fut de nouveau ensevelie sous les alluvions du torrent Arbonne dans un rayon de deux kilomètres autour de Bourg-Saint-Maurice. A partir du bord sud-ouest du cône de déjection jusqu'à Aime (*Axima*), c'est par la voie romaine que l'on a toujours passé, jusqu'à ces dernières années, pour aller de Bourg-Saint-Maurice à Aime. Les rectifications que l'on a fait subir ces derniers temps à la nouvelle route n'ont pas modifié sensiblement l'ancien tracé. Il était inutile que je fisse des fouilles pour reconnaître la nature de la chaussée romaine, puisque la route ayant toujours été entretenue sur toute la longueur de ce trajet, l'ancien gravier usé avait été remplacé par du nouveau. Cependant, presque partout où l'on creusa pour établir la nouvelle chaussée en contre-bas de l'ancienne, on trouva les pierres formant le *stratumen* de la chaussée antique.

§ III.

D'AXIMA A DARENTASIA

Aime *(Axima)* le *Forum Claudii* des Romains, fut la *Civitas* du pays des Ceutrons. L'inscription suivante qui y existe entre tant d'autres en est un témoignage irrécusable.

Imperatori Caesari Marco Aurelio Numeriano pio felici invicto Augusto, pontifici maximo, tribunitia potestate, patri patrie Foroclaudienses Ceutrones publice, curante Latinio Martiniano, viro egregio procuratore Augusti.

Cette inscription désigne clairement les Ceutrons et leur *Civitas.*

Aime, qui fut le séjour des procurateurs romains dans le pays des Ceutrons, posséda sans doute un hôtel central des postes où convergeaient et d'où rayonnaient les dépêches.

Un temple, dont j'ai découvert les ruines, et qui servait probablement en même temps de basilique affectée à des usages publics, tels que justice, commerce, affaires, etc., était élevé près de la voie romaine qui traversait cette cité.

TOMBEAUX GALLO-ROMAINS

En rectifiant, en 1870, la route nationale entre Aime et Villette, au lieu dit la Fortune, on découvrit, outre une partie de la chaussée romaine dont je parlerai plus loin, plusieurs tombeaux contenant des objets funéraires et une pièce de monnaie de l'époque gallo-romaine. L'espace entre Aime et Villette fut parsemé de villas romaines, ce qui explique l'existence de sépultures le long de la voie dans cet endroit. Sur l'un de ces tombeaux était dressée une pierre tumulaire portant l'inscription suivante :

Tito Vireio Onesimo, Vireia Colchis uxor heres, Lucius Cassius Erastus heres (Titus Vireius) Alcimus conlibertus.

A côté d'un autre tombeau j'ai trouvé un fragment d'inscription sur lequel était gravé le mot FILIVS.

La monnaie romaine, qui est en ma possession est à l'effigie d'Auguste, mais frappée sous Tibère.

A Villette, on voit un joli monument funéraire qui fut trouvé près de l'église actuelle, bâtie non loin de la voie romaine qui traversait le bas de ce hameau. Sur cet intéressant monument élevé par une mère à elle-même et à son jeune fils et représentant leurs bustes, on lit ce qui suit :

Diis manibus, Lucii Exomnii Macrini, Rustici filii, hic Brigantione, annorum XVI in studiis valle Pœnina vitu functi. Reliquis ejus huc delatis Nigria Marca, mater filio pientissimo et sibi viva faciendum curavit.

L'adverbe de lieu *hic*, précédent le nom *Brigantione*, indique une localité du nom de *Brigantio*, voisine, sans doute, de Villette, ou Villette elle-même, qui aurait primitivement porté ce nom.

A peu de distance de Villette en suivant la voie romaine, au bas des deux petits lacets à la suite desquels on passe le Nant-Agot, fut jeté jadis un pont nommé encore aujourd'hui Pont des Romains, dont les ruines ont susbsisté jusqu'en 1868. En démolissant, cette même année, les culées de ce pont pour construire celui actuel faisant partie de la route nationale, on trouva un tombeau en dalles contenant quelques ossements et trois petits vases en terre cuite, façonnés autour, appartenant incontestablement à l'époque gallo-romaine.

A quelques pas avant d'arriver au hameau de Saint-Marcel, on découvrit, en 1879, en défonçant un champ dans sa partie longeant la voie romaine, occupée maintenant dans cet endroit par la route nationale, mais qui existe encore sur une grande longueur à quelques mètres de ce point, une fosse parementée en dalles contenant, outre de nombreux fragments de poterie rouge lustrée, une urne en bronze en forme de bassine, remplie de cendres, de débris de charbon et d'ossements, entre lesquels avaient été déposées deux ampoules de verre et un petit flacon ansé de terre commune, mais d'un travail très soigné.

VESTIGES DE LA CHAUSSÉE

Lorsque l'on rectifia, en 1870, la partie de la route nationale, entre Aime et Villette, on trouva, au lieu dit la Fortune, entre deux rangs de tombeaux gallo-romains, une chaussée pavée, recouverte par une épaisseur de terre de deux mètres, provenant d'un éboulement. Cette chaussée, que j'ai mesurée, avait 5,30 de largeur, était légèrement bombée et pavée avec de gros cailloux roulés, de forme ovoïdale, de 0,30 à 0,40 de hauteur sur 0,15 à 0,25 de largeur et posés debout simplement sur la terre vierge. La voie étant en encaissement à cet endroit, l'eau coulait sur ses deux côtés dans des espèces de cunettes formées par le pavé et la base du talus.

Les tranchées que j'ai faites à travers la voie dans son trajet de Villette à Ceutron m'ont permis de constater que la chaussée était généralement formée d'une couche de gravier de 0,35 à 0,50 d'épaisseur, selon la nature du sol. Le plus gros gravier est à la base de la couche et le plus petit au sommet. Dans les endroits humides, le gravier repose sur un lit de pierres formant le *stratumen*.

Dans la traversée du défilé du Détroit-du-Saix, véritable coupe-gorge où l'Isère coule, écumante, entre deux roches à pic, hautes, celle de la rive droite, de 120 mètres et celle de la rive gauche de 80 mètres, et où il n'y a entre elles, sur plusieurs points que 20 à 25 mètres, la voie romaine, on peut le dire, était accrochée au flanc du rocher de la rive droite et soutenue par des murs, la plupart fondés sur des redans de la roche. Dans ce passage affreux, que l'on peut appeler une sublime horreur, précipices épouvantables donnant le vertige, comme dit Strabon, et que j'ai franchis avec beaucoup de peine et non sans danger le 1er mai de cette année, après une tentative infructueuse le 24 avril précédent, on voit encore des restes de ces murs que dix-neuf siècles n'ont pu détruire. On s'est servi de la voie romaine, dans cette gorge, jusqu'en 1766, époque à laquelle on l'a remplacée par une autre route, abandonnée aujourd'hui, qui traversait aussi une partie du même rocher, mais bien plus au-dessus de l'Isère.

Les Romains élevaient, le long de leurs voies, outre les constructions dont j'ai parlé ci-devant, de petits monuments à niche, renfermant une statue, Mercure, par exemple, dieu protecteur des chemins. Ces petits édifices remplissaient le même office que les oratoires construits aujourd'hui sur le bord de nos routes, près d'un précipice ou à l'entrée d'un passage dangereux. Les voyageurs, avant de franchir les pas difficiles, se mettaient sous la protection du dieu auquel ces édicules étaient consacrés.

Au pied du premier grand rocher que l'on rencontre

dans la gorge du Détroit-du-Saix, côté nord, sont adossées les ruines d'un petit monument de 2,65 de largeur, dans œuvre. Les murs, construits selon le petit appareil des Romains, avec des moellons bruts, posés par assises et noyés dans du très bon mortier de chaux, de sable et de brique pilée, ont 0,60 d'épaisseur. Celui du fond, adossé au rocher, et une partie des deux latéraux qui le joignent et forment deux des quatre angles de ce petit édifice, existent encore sur une hauteur de 3,00. L'aire se composait d'une épaisse couche de mortier dont la partie supérieure était recouverte d'un mince enduit blanc lissé, ressemblant à du stuc.

On a pratiqué à la pointe, sur le parement du rocher, au-dessus du mur appuyé contre lui, une rigole horizontale de 0,10 de profondeur, dans laquelle devaient être engagées les têtes du dernier rang de tuiles de la couverture de l'édicule. Au-dessus de cette tranchée, on en a creusé une autre de 0,35 de hauteur sur 0,12 de profondeur, à angle aigu, en forme d'accent circonflexe, pour recevoir les eaux pluviales coulant sur la paroi de ce grand rocher et les empêcher de pénétrer dans le monument.

L'appareil, le mortier contenant de la brique pilée, le stuc et les rigoles faites à la pointe dans le roc, indiquent une construction de l'époque gallo-romaine, un édicule renfermant probablement un Hermès auquel les voyageurs se recommandaient avant d'entrer dans l'horrible coupe-gorge du Détroit-du-Saix.

On voit, au milieu environ du trajet de cet affreux passage, un pan de mur, à mortier, de soutènement de la voie romaine, de plus de 4,00 de hauteur sur 1,60 d'épaisseur.

A l'extrémité sud de ce sauvage et étroit défilé, existe encore en bon état, un mur de soutènement de la chaussée romaine ayant 16 mètres de longueur et 3,60 de hauteur, sur un point seulement, construit selon le petit appareil allongé des Romains, avec des moellons smillés de 0,30 à 0,50 de longueur sur 0,15 à 0,20 de hauteur. Ils sont posés par assises régulières sur du mortier excellent qui, malgré l'intempérie des saisons pendant une si longue suite de siècles, a conservé toute sa cohésion. Derrière ce parement, on a construit un massif de maçonnerie composé de moellons irréguliers noyés dans du mortier et qui forme la chaussée de la voie. Sur ce blocage à bain de mortier sont posés de larges pavés ou plutôt d'épaisses dalles de formes différentes, mais assemblées avec précision, constituant la *summa crusta*. Sur les points où le parement du roc est vertical et dont l'Isère baigne le pied, comme à l'endroit où est le mur dont je viens de parler, la largeur de la voie était à peine de 3,00 au lieu de 5,30

A dix mètres après la sortie de la gorge, côté sud, existait encore il n'y a pas bien longtemps, un petit oratoire dont le mur ouest était formé du parement taillé que l'on voit encore aujourd'hui, d'un roc de tuf calcaire.

Dans les premiers temps de la religion chrétienne, beaucoup de monuments du paganisme furent appropriés pour l'usage du nouveau culte. Je pense que cet oratoire, détruit depuis peu d'années, avait remplacé, après la chute de l'empire, lorsque déjà le christianisme était fortement implanté dans les Alpes Graies, un petit édicule semblable à celui de l'entrée de la gorge, érigé aussi par les Romains en faveur du même dieu.

Entre le Détroit-du-Saix et Saint-Marcel, j'ai fait exécuter deux tranchées à travers la voie pour connaître le mode de construction de sa chaussée. Voici ce que j'ai constaté : Un premier lit de pierres de 0,15 à 0,20 d'épaisseur, posées le plus jointivement possible les unes à côté des autres. Sur cette première couche, le *stratumen*, il y en avait une seconde de 0,25 à 0,30 d'épaisseur, composée de gravier de grosseur différente, dont le plus gros, à la base, formait la *ruderatio* et le plus mince, au sommet, constituait la *summa crusta*. La chaussée, construite en remblais du côté aval sur l'un de ces deux points, à cause de la déclivité du sol, était défendue contre le mouvement latéral par un mur à mortier. Le terrain, du côté amont, était soutenu par un mur d'épaulement.

§ III.

DE *DARENTASIA* A *OBILONNA*

Darentasia (Moûtiers) détruite complétement par une inondation entre la fin du IIe siècle et le commencement du Ve, fut peut-être avant Aime, la *Civitas* des Ceutrons.

Des pièces de monnaie, de nombreux fragments de

poteries, les fondations des pieds-droits d'une porte de ville et une pierre taillée, anépigraphe, il est vrai, mais ayant une de ses faces encadrée de moulures de facture romaine pour recevoir une inscription, trouvés par moi en faisant construire un égout collecteur à travers Moûtiers, attestent que les Romains ont occupé *Darentasia*. La voie romaine devait aboutir à la porte de ville dont j'ai trouvé les bases des pieds-droits.

VESTIGES DE LA CHAUSSÉE

La voie romaine a été emportée par l'Isère sur toute la longueur du petit bassin dans lequel est bâti Moûtiers, et son emplacement a été recouvert par les alluvions de cette rivière. On retrouve son tracé à l'entrée de la gorge située entre Moûtiers et Aigueblanche, sur toute la longueur de laquelle il est très apparent.

C'est vers ce point, à 185 mètres en aval du confluent de l'Isère avec le Doron, que des rocs à pic l'obligèrent à passer sur la rive gauche de l'Isère qu'elle suivait jusqu'à Briançon.

A cet endroit, un pont en pierre, fort probablement, de 18 à 20 mètres de corde, fut jeté sur l'Isère. Les vestiges de travaux que je vais indiquer en sont la preuve.

On voit, sur la rive droite de l'Isère, les restes d'un mur de soutènement de 165 mètres de longueur, aboutissant au point où le pont avait été construit. On remarque, à cet endroit, que le roc à pic ayant été la cause du passage de la voie de la rive droite sur la gauche a été escarpé sur une hauteur de 3,00 et mis de niveau à la base de cette fouille pour y asseoir les fondations de la culée de la rive droite de ce pont. La culée de la rive gauche était formée, en partie, d'un monolythe, encore en place, de 7, 60 de longueur, sur 2, 20 de hauteur, qui s'est détaché de la roche dominant le versant de la rive gauche de l'Isère. Le parement de ce roc, du côté de l'Isère, paraît avoir été dressé à la pointe et sa face supérieure aplanie pour la pose de la première assise de la maçonnerie qui complétait la hauteur de cette culée.

A deux mètres de distance, côté sud de cette culée, existe un bloc de forme pyramidale, de 8, 20 de hauteur, qui s'est détaché de la même roche que la base de la culée de la rive gauche. Sur la paroi sud-est de cette pile naturelle, une niche, de facture antique, de 0, 75 de largeur sur 0, 45 de hauteur et 0, 14 de profondeur a été creusée à la pointe. La partie supérieure de cet enfoncement est taillée en biseau et sa base à angle droit pour recevoir, sans doute, une statuette en bas relief de Mercure, dont les voyageurs imploraient la protection, surtout à l'entrée des passages dangereux.

A cinq mètres en amont de l'emplacement de cet ancien pont, on voit, au milieu du lit de l'Isère, un bloc de 6,00 de longueur sur 5, 50 de largeur et 2, 50 de hauteur, sur la face supérieure duquel on a pratiqué cinq larges et profondes entailles à la pointe destinées, sans doute, à recevoir l'extrémité de pièces de bois formant un pont provisoire pendant la reconstruction de celui en pierre emporté par l'Isère dans un moment de grande crue.

J'ai fait opérer deux tranchées au travers de la voie sur son parcours dans le défilé situé entre Moûtiers et Aigueblanche.

Sa chaussée est composée : 1° d'un lit de pierres plates d'une épaisseur moyenne de 0, 10, mesurant une longueur variant de 0, 30 à 0, 50 et une largeur de 0, 20 à 0, 30, formant le *stratumen* ; 2° d'une couche de gros gravier de 0, 05 à 0, 08 de côté d'une épaisseur de 0, 15, constituant la *ruderatio* ; 3° enfin, d'une troisième couche de 0, 25 d'épaisseur de fin gravier, pouvant passer dans des anneaux de 0, 02 à 0, 03 de diamètre, composant la *summa crusta*.

Au débouché du défilé, l'Isère coule, resserrée, entre deux roches à pic. Ne pouvant établir la voie sur digue dans cet endroit parce que les eaux l'auraient emportée, les Romains taillèrent le roc au pic, pour l'y asseoir, sur une longueur de 23, 00, à 16, 00 au-dessus du lit de l'Isère. La largeur de la voie, que l'on peut mesurer exactement entre les deux parois taillées du roc, est de 5, 30. Sur le bord aval de la route, une rigole de 0, 20 de largeur sur une profondeur de 0, 05 a été creusée pour l'écoulement des eaux pluviales.

A l'extrémité nord de cette tranchée dans le roc qui est du gneiss à veines schisteuses, la voie est soutenue par un grand mur construit avec de fortes pierres plates, provenant des débris de la taille de la roche, posées sans mortier, mais dont les joints, ceux horizontaux surtout, sont si précis que la pointe d'un canif ne peut y entrer.

A quarante mètres, dans la direction nord, de la partie de la voie pratiquée dans le roc, on voit les ruines d'une petite chapelle du style roman de la transition (xii⁰ siècle), d'une longueur de 8, 00 sur une largeur de 6, 00.

Les parties principales de ce petit édifice, telles que les angles, les pieds-droits et l'arc de la porte, etc., sont en pierres taillées au taillant droit, pierres rarement employées dans nos montagnes, à cette époque, pour un monument de ce genre, situé dans un endroit un peu sauvage et éloigné de toute habitation, point important à noter.

Je pense que l'on a, comme au Détroit-du-Saix, substitué cette chapelle à un édicule élevé par les Romains à leur divinité protectrice des voyageurs, et que l'on aura réemployé les pierres de taille qui avaient servi à l'édification de la construction romaine, puisque plusieurs d'entre elles, placées dans le corps de la maçonnerie, sont ornées de moulures gallo-romaines.

Depuis 200 mètres environ après cette chapelle, la voix a été emportée, par l'Isère en grande partie, jusqu'à Arbine.

A partir du chef-lieu de la commune de Feissons-sous-Briançon jusqu'au territoire de La Roche-Cevins et sur une soixantaine de mètres de longueur avant d'arriver à Arbine, (*Obilonna*) point où finissent mes recherches, la route a été conservée et est utilisée pour la desserte des propriétés. Partout où j'ai fait des fouilles sur ces deux tronçons, j'ai constaté que la chaussée était formée de gravier posé simplement sur la terre ou sur un lit de pierre, selon la consistance du sol.

RÉSUMÉ

Tels sont les vestiges qui nous restent de cettte voie établie par les Romains à travers les Alpes Graies il y a dix-neuf siècles, pour faciliter le mouvement de leurs légions et mettre la capitale de l'empire en communication avec la Gaule qu'ils venaient de conquérir.

Ces vestiges nous font connaître les différents modes de construction des chaussées des routes de ce grand peuple, qui a vaincu le monde par ses armes et la nature par ses travaux.

Ils nous révèlent quelle était la destination des constructions élevées sur les bords de ces beaux chemins, qui sillonnaient presque toute l'étendue de la terre alors connue.

Et ils nous apprennent, par les édicules élevés en l'honneur de l'ancien dieu protecteur des voyageurs, maintenus par le christianisme qui n'en a changé que les images, que toujours l'homme a fait preuve, en implorant la protection d'une puissance supérieure, de sa faiblesse dans le danger.

Moûtiers. — Imprimerie CANE Sœurs, successeurs de Marc Cane.